北宋东京城

顺天门

遗址考古图录

河南省文物考古研究院
开封市文物考古研究院 编著

中原出版传媒集团
中原传媒股份公司

大象出版社
·郑州·

图书在版编目（CIP）数据

北宋东京城顺天门遗址考古图录／河南省文物考古
研究院，开封市文物考古研究院编著. — 郑州：大象出
版社，2024. 3
ISBN 978-7-5711-2100-6

Ⅰ. ①北… Ⅱ. ①河… ②开… Ⅲ. ①古城遗址（考古）
−研究−开封−北宋−图录 Ⅳ. ①K878. 34

中国国家版本馆 CIP 数据核字（2024）第 026979 号

# 北宋东京城顺天门遗址考古图录

BEISONG DONGJINGCHENG SHUNTIANMEN YIZHI KAOGU TULU

河南省文物考古研究院　开封市文物考古研究院　编著

---

出 版 人　汪林中
策划统筹　郭一凡　李建平
责任编辑　宋　伟
责任校对　李婧慧　牛志远
装帧设计　张　帆

---

出版发行　大象出版社（郑州市郑东新区祥盛街 27 号　邮政编码 450016）
　　　　　发行科　0371-63863551　总编室　0371-65597936
网　　址　www. daxiang. cn
印　　刷　河南瑞之光印刷股份有限公司
经　　销　各地新华书店经销
开　　本　890 mm×1240 mm　1/16
印　　张　18. 5
版　　次　2024 年 3 月第 1 版　2024 年 3 月第 1 次印刷
定　　价　278. 00 元
若发现印、装质量问题，影响阅读，请与承印厂联系调换。
印厂地址　武陟县产业集聚区东区（詹店镇）泰安路与昌平路交叉口
邮政编码　454950　　　电话　0371-63956290

**主　编**

刘海旺　辛　革

**副主编**

葛奇峰

**撰　稿**

葛奇峰　辛　革

**摄　影**

葛奇峰　聂　凡

# 目录

清

# 大河东去 城『我』相依

开封，又名汴州、汴梁、汴京、汴都等，位于中原腹地的黄河南岸。在此"禹画为豫，周封郑地……梁周帝据而糜沸，汉唐尹统而宁一，故此王国袭故不徙"，由此成就了一座八朝古都——开封。

隋朝大运河的开通，使当时的汴州城日渐兴盛。五代时期，后梁、后晋、后汉相继建都开封。到了后周，周世宗柴荣继位后，命大臣赵匡胤围绕开封骑马飞奔，以马力尽处为城界，并调集开封、滑县、郑州、曹县等地方10余万人，修建了气势恢宏的东京外城，使得这座城市的发展达到历史巅峰。

北宋建都开封后，这座袭自五代后周的东京开封城历经10余次修建。修葺后的外城周长近30千米，城墙宽20—30米，占地约54平方千米，形成了完整的外城、内城和皇城三重城墙防御体系。以北宋东京城为代表的时代，社会生产力得以高速发展，使得中国历史上人口首超一亿。四大发明中的指南

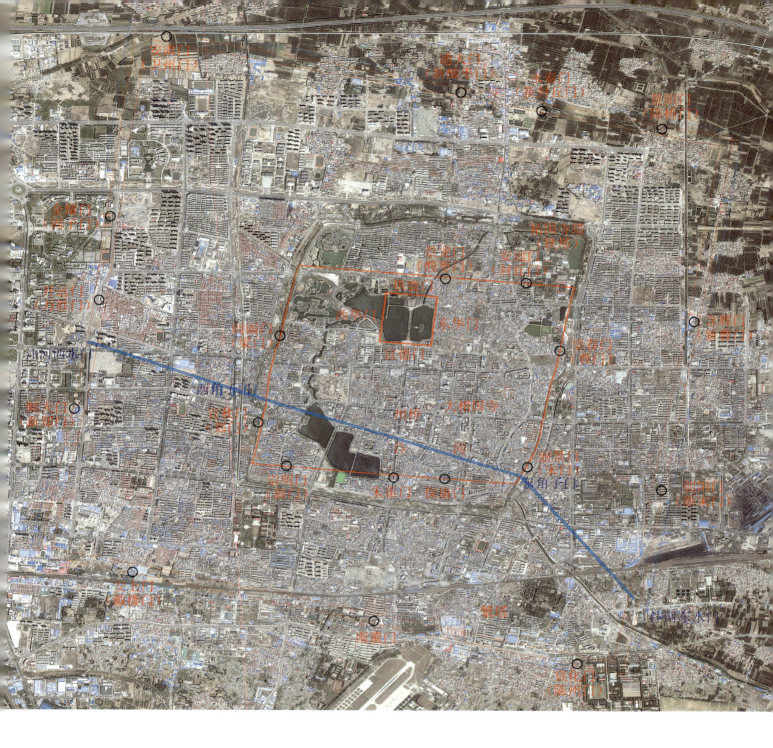

北宋东京城遗址在今开封市位置

北邸门村

顺天门
遗址区

南邸门村

大梁门

开封城墙

包公湖

1968 年的顺天门遗址

针、火药和活字印刷均出现在这个时代，为世界科技史的发展和社会进步起到了巨大的推动作用。手工业专业化的提升，使宋瓷、茶叶、丝绸成为蜚声海内外的畅销商品。商品经济的快速发展，出现了世界上最早的纸币——交子，引领西方700 余年。周敦颐以其完整的思想体系和哲学命题，奠定了宋明理学的基础。在这个时代，有了国家举办的绘画院——翰林图画院，引领当时的绘画潮流。《营造法式》《梦溪笔谈》等煌煌巨著，欧阳修、司马光、王安石、苏轼等风流人物，虽历经千余年，仍旧熠熠闪光，不仅是这个时代的符号和注脚，更成为中华民族璀璨的瑰宝。江山如画、文治昌盛的时代终究消失于历史的长河，连同这座庞大的城池，曾经繁华的闹市，在战乱、洪水的冲击下，已被深深地掩埋在了近 10 米的地下，北宋王朝，除却铁塔、繁塔，在今天的开封城地表已然了无痕迹。

所幸 2012—2018 年考古发掘的顺天门遗址，为我们推开了回望北宋东京城的一扇窗，让我们通过这座北宋东京城外城西墙上的最重要的城门，对北宋东京城的兴衰有了切实的认知。

顺天门始建于五代后周世宗显德二年（955 年），时称迎秋门，宋太宗太平兴国四年（979 年）赐名顺天门。因它向西直通郑州且与内城上的郑门相对，故又俗称新郑门。顺天门是连接东京城内"十"字形御道的四个正门之一，此门外即著名的琼林苑和金明池，《金明池争标图》中似乎就有顺天门的身影。北宋时期的顺天门是西向巩义北宋皇陵和西京洛阳的官道起点，也是宋与西夏互使交流之路的礼仪节点。

从城门形制演变的角度考察，顺天门有中国古代都城最早的方形瓮城，其门址平面呈长方形，"直门两重"，南北长 160 米，东西宽 100 米，总占地面积 16000 平方米。瓮城的出现是为了更好地加强对城池的防护，可以依靠瓮城，将入侵的敌人关闭在瓮城之内，来个"瓮中捉鳖"，予以全歼。城外瓮城的防护设施到后来发展成为外瓮城＋内瓮城的双重保险，加之高大的城墙，可谓易守难攻，固若金汤。

1232 年，这座帝都的西大门在金元战争中轰然倒塌，就此废弃。

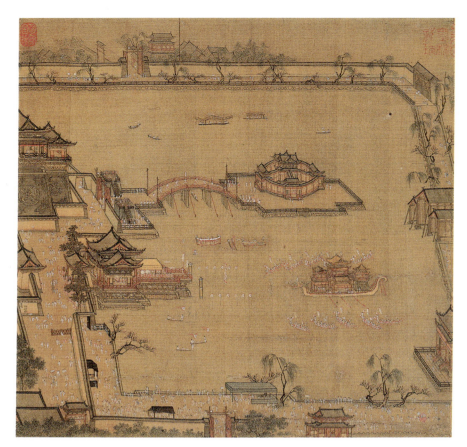

《金明池争标图》 宋

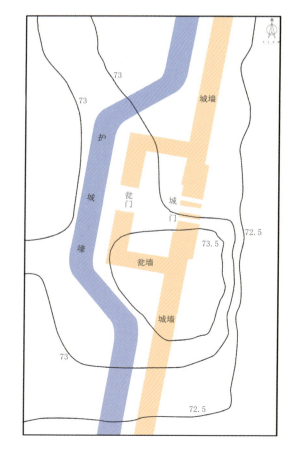

顺天门遗址钻探平面图

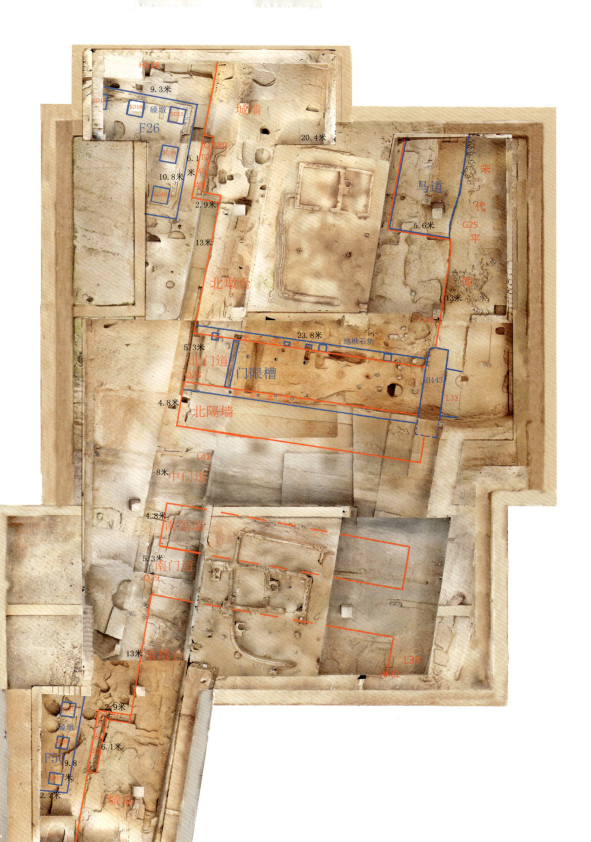

城墙

9.3米

H148

SD16 砾墩 SD15

SD14

F26

20.4米

Q门39

6.1米包砖层

10.8米

SD39

2.9米

SD40

13米

北墩台

马道

5.6米

宋代平面

G25

13米

H452

23.8米

地栿石坑

门限槽

5.3米

北门道

Q28

北隔墙

H443

L32

4.8米

L41

8米

中门道

4.8米

南隔墙

5.3米

南门道

Q29

L39

H62

13米 南墩台

2.9米

砾墩

6.1米

F50

9.8米

2.7米

城墙

顺天门主城门发掘区

考古发掘探方壁上的黄河泛滥淤积层

时光荏苒，在此后的780年间，这里历经沧桑巨变。元代，成为防洪大堤和军事防线；明代，衰败成普通交通节点；明末清初，一度沦为沟渠水道；清代，再次成为通衢道路，并衍生出一座城郊村庄。其间，还夹杂有多次洪涝天灾。

这段跌宕起伏的历史，并未湮灭在岁月长河中，堆积数米的地层忠实地记载了它的厚重，多种多样的文物形象地讲述了它的鲜活。这些考古发现，不仅续写了《清明上河图》《东京梦华录》，更以真实的面貌向我们展现了逾千年间的开封到底有过怎样的经历。

在顺天门遗址内，保存了六个时代序列完整的地层叠压、十六层不同时期的道路叠压、两个不同形制的城门叠压、三次黄河泛滥的淤积叠压、两幅灾难场景的画面叠压……时空流转，生产性重建、军事性重建、灾难性重建等导致了遗址现场城摞城、门摞门、路摞路、房摞房、墙摞墙的遗迹叠压现象。

顺天门遗址，不仅展示了北宋东京城的变迁，而且通过城摞城的迹象，成为黄河文化带上的一个关键节点和典型标识。这处遗址形象记录了开封城市史，同时也带有深深的黄河印痕。一座城门，带我们目睹了一座城，更让我们领略了一条河……

建炎二年（1128年），为阻止金兵南下，东京留守杜充竟在今河南滑县西南决河，使黄河东流，经豫东北、鲁西南地区，汇入泗水，夺泗入淮。从此，黄河离开了春秋战国以来流经今浚、滑一带的故道，不再进入河北平原，在此后的700多年中，以东南流入淮河为常。这是黄河变迁史上的划时代大事，也是黄河水利史上的第四次大改道。

这次改道，最直接的结果是使黄河入海口从天津转移到江苏省盐城市响水县，即从渤海转移到黄海。

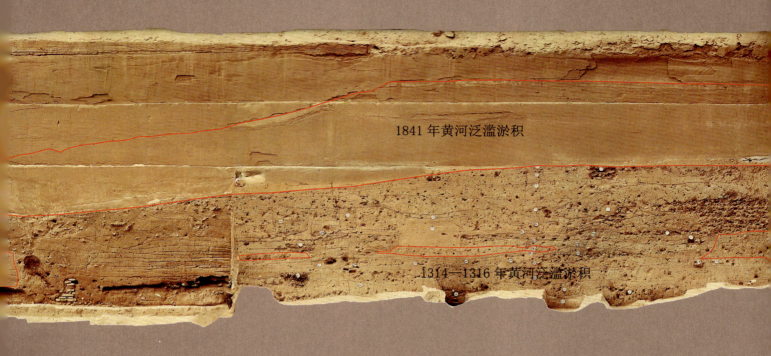

1841 年黄河泛滥淤积

1314—1316 年黄河泛滥淤积

另一个重大影响是运河遭到淤埋，唐宋运河开封至商丘段遭到毁灭性破坏。开封从此退出运河时代。

从此以后，开封城市历史遭遇螺旋式下降，日渐没落。

从 1128 年开始，黄河日渐失控。1232 年，金代平章政事完颜白撒效仿杜充，自决黄河，再次加剧了灾情；1234 年，元军将领防古为阻挡南宋赵葵收复开封，在开封府北二十里的寸金淀决开黄河，划地为界；元世祖至元年间，从 1286 年至 1290 年，"河决汴梁"四次；元仁宗延祐年间，从 1314 年到 1316 年，"河决汴梁"三次；

明成祖永乐年间，自 1404 年到 1416 年，"河决开封"四次；1642 年，在明末的农民战争中，作战双方不约而同再次以水代军，决开黄河，水灌开封；1841 年，"河决三十一堡"，大水围城长达八个月。

在这 700 余年的时间里，黄河长期泛滥，频繁决溢，多次改道，给开封城带来了一次又一次的灭顶之灾。

细观发掘现场不难发现，在历次的侵害中尤以 1314 年到 1316 年的"河决汴梁"、1642 年的"水灌开封"和 1841 年的"大水围城"这三次灾难对开封城池带来的破坏

和影响最为深重。

三层淤积层中的上层是清末 1841 年黄河泛滥形成的堆积层，该层淤积普遍分布在整个遗址区，厚度在 1 米左右，淤沙中封存了完整的洪灾灾难场景。中间层是明末的 1642 年黄河泛滥形成的淤积层，该层淤积只保留在一条自西北向东南走向的冲积沟内，厚度在 1.5 米左右。从现存沟壁凹痕、沟内堆积、沟底沙土和碎砖堆积等情况综合判断，这条水沟应该是一条短期形成又一次性被淤埋的冲积沟，是 1642 年黄河水灌开封的一条流水路线。下层是元代中期的 1314—1316

1314—1316 年黄河泛滥淤积

考古发掘探方壁上的 1314—1316 年黄河泛滥淤积层、1642 年黄河泛滥淤积层

1642 年黄河泛滥淤积

年黄河泛滥形成的淤积层，该层淤积保存在遗址区内以城墙遗迹为界线的西半部，而在东半部则没有发现。这说明这次黄河泛滥的洪水未能进入城内，被宋金保留下来的外城城墙阻隔在了城外，所以我们今天看到的淤积层也只留存在城墙以西的区域。

这三次灾难过去，在顺天门遗址发掘现场均留下了惨痛的灾难现场，其中尤以1841年灾难场景最为震撼：淤积土层和风积沙土层，堆积厚度达4—5米，高耸、单调且纯净。当年这些沙土被河水裹挟着，以破竹般的气势朝村庄袭来，人们来不及反应，甚至来不及呼喊，一切都被瞬间定格下来……这些堆积，犹如一组组雕塑，给人们带来强烈的冲击力。

1841年，灾难前的顺天门村，是一座布局完整、特色鲜明的城郊村落。

村落以一条东西向道路为轴线，南北两侧交叉分布有阡陌小道、沟渠水井、院落房屋、农田树木等。本次发掘，共清理出六处院落、九座房屋、两处农田、一口水井、八口灶、两座鸡窝、三座砖台和两处厕所等，还出土了220多件各类文物。整座村落内的围墙、房屋等建筑错落有致，水源充足，排水便利，农田围绕，树木疏落，绘就了一幅开封地区清代田园水墨画。

村落内每家院落大小基本一致，院内布局大同小异。每家基本上都是拥有两间主房，而且房屋的材质和大小也基本相同。

**清代村落遗址复原图**

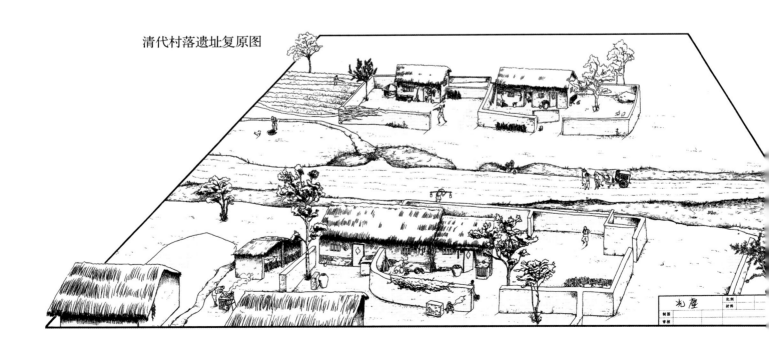

农田

农田

房址

房址

院落

井

道路

清代道路

房址

房址

房址

灶

灶

灶

灶

院落

明代道路

院落

房址

房址

院落

顺天门遗址清理出的清代村落

城门发掘全景（自西向东拍摄）

遗址中出土 11 件灯具，造型各异，既有双层浅盘红陶灯、单层豆形灰陶灯、牛角形青瓷灯、黑釉盏形瓷灯、酱釉盏形省油瓷灯，也有红陶动物俑形烛台等。

我们在遗址中还发现了 6 件陶香炉，全部出土于厨房灶台附近，这似乎和当时人们的某种日常信仰有关。这些遗物证明了村落的时代，见证了人们当时的生活水平，反映了人们当时的精神面貌、生活情趣和精神信仰等。

从村落现场内围墙、房墙倒塌的方向以及院落内盆、罐、缸散落的位置，不难判断洪水是从西北涌来，冲向东南方的。

道路及北侧的 2 号沟渠

房屋　宋

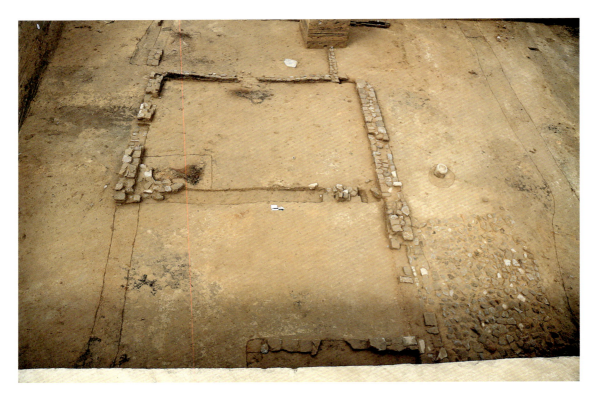

房屋 元

房屋 明

房屋　明

房屋　明

沟渠南壁被水流冲刷的痕迹　明

沟渠淤积层面　明

道路　明

灰坑　明

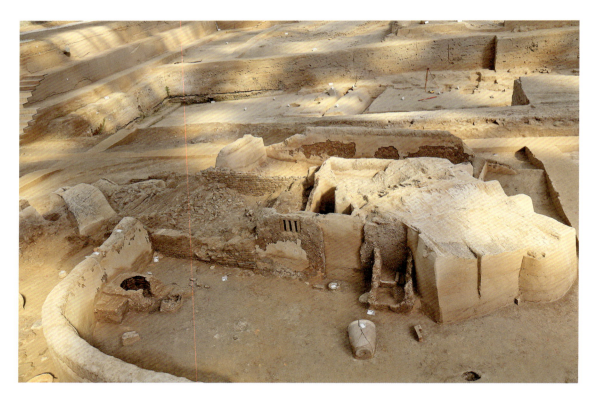

房屋　清

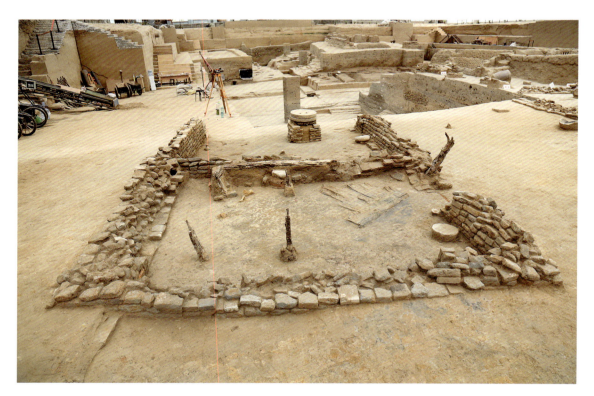

房屋南屋及北屋　清

木箱　清

鸡窝　清

鸡窝　清

灶 清

灶 清

灶 清

灶 清

灶 清

灶 清

井　清　　　　　　　　　　　　　　　　　　　　　　　井　清

农田附近枣树　清

农田遗迹　清

水波纹局部　近代

探方南壁剖面上风积沙土层　近代

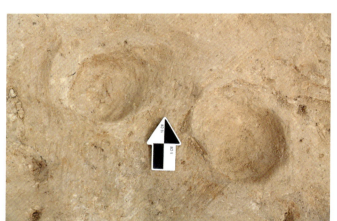

动物蹄印　近代

松树印痕　近代

动物蹄印　近代

人类活动留下的足迹　近代

人类活动留下的足迹　近代

面对眼前的残垣断壁、锅灶磨盘、桌椅板凳、神龛香炉……脑海中浮现出炊烟袅袅、娘呼爷叫、小儿嬉耍、鸡鸣犬吠的场景。生命从来不会停止，就如同黄河水无论有着怎样的险阻，都阻挡不了它奔向东方、奔向大海……

曾经"高城万雉，埤堄鳞接"的北宋都城汴京，在遭到水患兵燹的双重打击下，虽几度沉寂，但如果你在今天的开封城走走，依然可以寻觅到昔日都城的印记。例如东大寺、理事厅街随处可见的多种文化的融合，羊尾铺村天主教河南总修院旧址，应该都是在深厚的文化底蕴之上诞生的产物。更如同我们来顺天门遗址发掘时看到的村民和村庄，发掘出各个朝代的遗迹一样，一千年来人们与大河相依相傍，直面灾难，愈挫愈勇，前赴后继地在这里生息繁衍，为这座古老的城市留下了一代又一代的青春印记，以顽强不屈的精神背靠大河，为开封古城唱响了生命之歌。

人类活动留下的足迹　近代

迦陵频伽　宋

残高 47.5 厘米，翼展 31 厘米

宋代迦陵频伽是安装在高等级公共建筑屋顶垂脊或戗脊最前端的一种建筑构件，既有祈福吉祥之意，又代表着建筑的等级规制。

套兽　宋
残长 27.5 厘米
套兽是安装在房屋屋顶翼角或窝角梁梁头上
的一种建筑构件，具有防水和装饰作用。

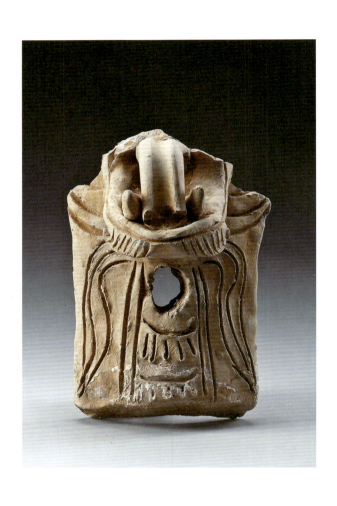

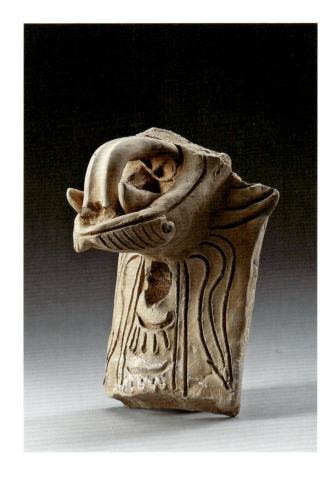

垂兽　宋

残长 23.7 厘米，残宽 17.2 厘米，残高 13.7 厘米

垂兽又称角兽，是安装在房屋屋顶垂脊端头的一种
建筑构件，既有防止垂脊瓦件下滑的作用，又兼具
装饰功能。

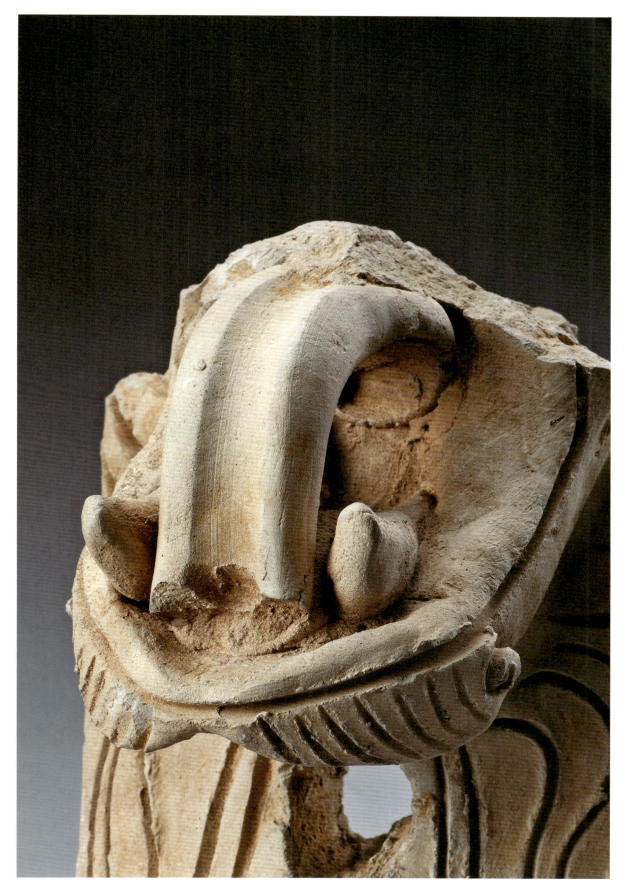

摩竭　宋

残长 24.1 厘米

摩竭是安装在房屋屋顶垂脊上的一种建筑构件，既有祈福避邪的寓意，又有装饰功能。

套兽角　宋
残长 51 厘米

套兽角（局部） 宋

束花纹滴水　宋
横宽 16.6 厘米，高 10 厘米

兽面纹滴水　宋
横宽 19.2 厘米，高 10.6 厘米

菊花纹瓦当　宋
直径 13 厘米，厚 1.7 厘米

莲花纹瓦当　宋
直径 12.3 厘米，厚 2.4 厘米

菊花纹瓦当　宋
直径 17.3 厘米，厚 1.8 厘米

莲花纹方砖　宋

残长 36 厘米，残宽 16 厘米，缘厚 5 厘米

莲花纹方砖　宋
残长 36.6 厘米，残宽 17 厘米，缘厚 5.8 厘米

太湖石 宋
通高35.8厘米

钧釉瓷盘　宋
口径13.7厘米，足径4.2厘米，
通高 3.4 厘米

红绿彩女侍俑　宋
底宽 2.3 厘米，通高 4.6 厘米

白地黑花瓷鸭　宋
通长 6 厘米，通高 6 厘米

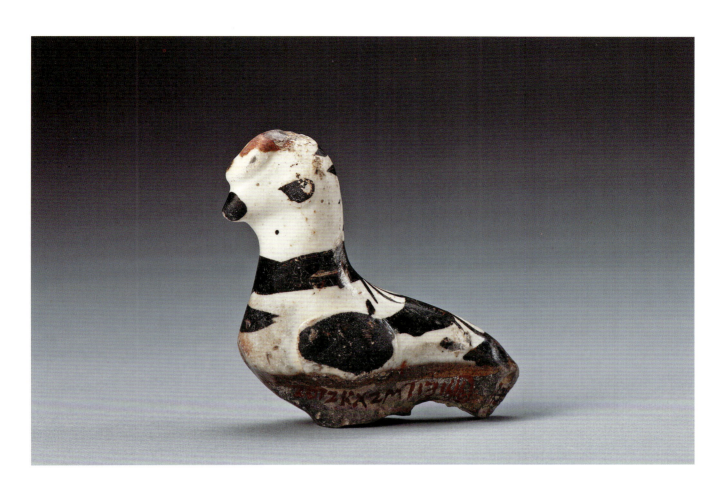

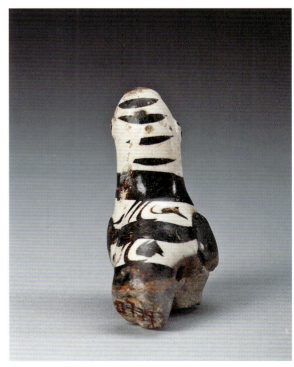

白地黑花瓷羊　宋
通长5.5厘米，通高3.9厘米

白地黑花瓷狗　宋
通长 5 厘米，通高 4.5 厘米

白釉瓷羊　宋
通长 5 厘米

白釉瓷人物骑马俑　宋
通长 5 厘米，通高 5 厘米

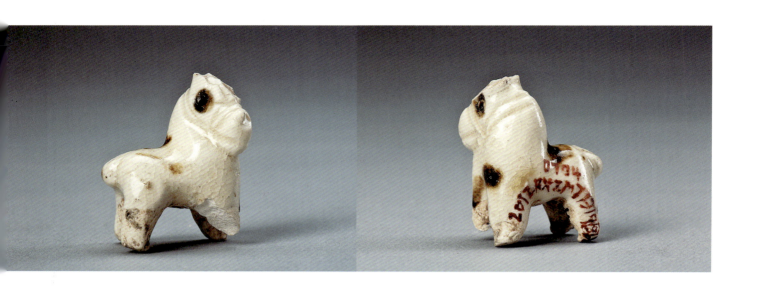

白釉瓷马　宋
通长 4 厘米，通高 5 厘米

鱼形铜铃　宋
通长 3.1 厘米，通高 1.5 厘米

琉璃珠　宋
直径 1.1 厘米

十四面体瓷抓子　宋
通高 1.4 厘米

琉璃串珠　宋
腹径 0.8—1 厘米

红陶坠饰　宋
通高 1.6 厘米

力士造型红陶模　宋
通长 5 厘米，通宽 3.6 厘米

武士造型红陶模　宋
通长 2.2 厘米，通宽 1.7 厘米

兔子造型红陶模　宋
通长 2.2 厘米，通宽 1.7 厘米

老虎造型红陶模　宋
通长 3.7 厘米，通宽 2.4 厘米

听书造型红陶范　宋
通长 6.3 厘米，通宽 4.8 厘米

今据"听书造型红陶范"翻印的石膏模

**佛像造型红陶范**　宋

通长 4.7 厘米，通宽 3.1 厘米

今据"佛像造型红陶范"翻印的石膏模

帝王造型红陶范　宋

通长 3.4 厘米，通宽 2.5 厘米

今据"帝王造型红陶范"翻印的石膏模

天王造型红陶范　宋
通长 3.5 厘米，通宽 3.2 厘米

今据"天王造型红陶范"
翻印的石膏模

齿轮造型红陶模　宋
直径 3 厘米

葵花造型红陶模　宋
直径 3.1 厘米

园林造型红陶范　宋
通长 5.2 厘米，通宽 4.8 厘米

今据"园林造型红陶范"翻印的石膏模

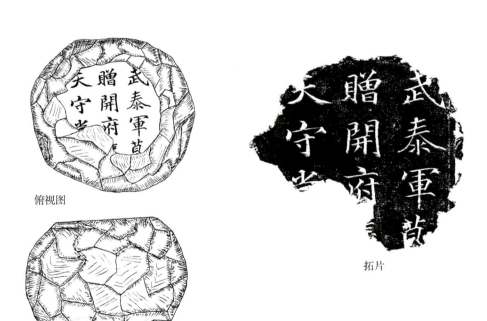

俯视图

俯视图

拓片

礌石　宋
直径约 14.6 厘米，重 4400 克

铁蒺藜　宋
尖刺之间距离 4.5 厘米，重 26 克

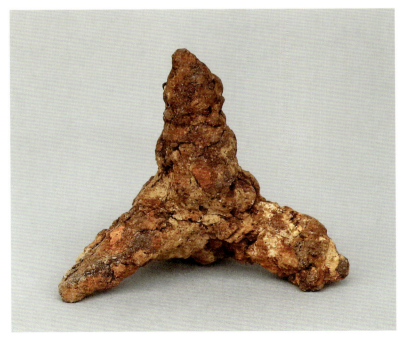

铁蒺藜　宋
尖刺之间距离 6.9 厘米，重 83 克

菊花纹滴水　元

横宽 15.7 厘米，高 11.2 厘米

瓷高足杯柄　元

白地黑花瓷高足杯　元
口径 8.4 厘米，底径 3.8 厘米，
高 6.9 厘米

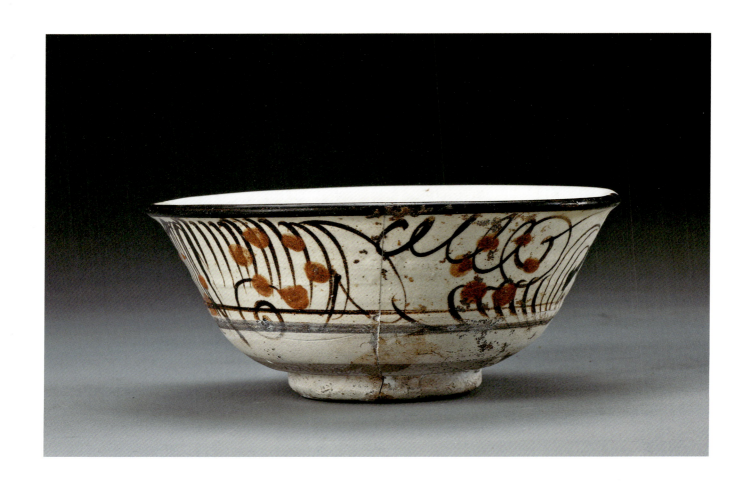

白釉赭彩几何纹瓷碗　元

口径 15.4 厘米，底径 6.2 厘米，

高 6.8 厘米

赭彩梅花纹瓷碗　元
口径 14.6 厘米，高 6.9 厘米

白地黑花瓷碗　元
口径18厘米，高5.6厘米

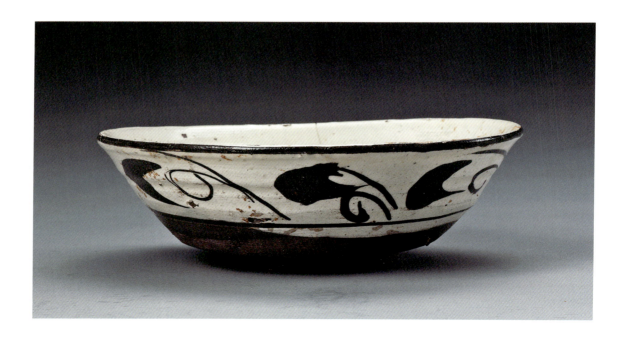

青釉鱼纹碗　元
口径 9.7 厘米，底径 3.3 厘米，高 3.8 厘米

白地黑花"花"字款瓷碗  元

褐釉瓷碗　元
口径 15.2 厘米，底径 5.2 厘米，高 7 厘米

白地黑花瓷盘　元
口径 23.8 厘米，底径 8.2 厘米，
高 4.6 厘米

红绿彩瓷仕女俑　元

通高 6.2 厘米

白釉瓷仕女头像  元
通宽 2.9 厘米，残高 2.9 厘米

白釉黑彩瓷仕女头像　元
通宽 1.4 厘米，残高 2.2 厘米

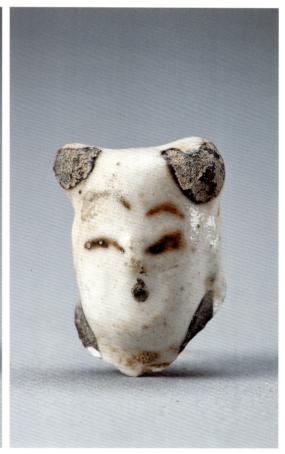

龙伴僧红陶塑像　元
残高 6.9 厘米

红陶人物塑像　元
残高 8.3 厘米

黄釉瓷蹲坐猴　元
通高 4.8 厘米

青釉瓷蹲坐猴　元

通高 4.1 厘米

白地黑花瓷羊　元

通长 6.4 厘米

酱釉瓷蟾蜍　元
通长 4.5 厘米，通宽 2.9 厘米，
最厚 1.2 厘米

白地黑花鸟形瓷哨　元
通高 4.2 厘米

白地黑花鸟形瓷哨　元
通长 6 厘米，通高 4 厘米

莲花瓣形石灯　元
直径 10 厘米，通高 7 厘米

蓝釉陶香炉　元
残高 11.5 厘米

白地黑花胡人骑兽瓷蜡台　元
底座长 11.4 厘米，底座宽 7 厘米，
通高 22.5 厘米

白地黑花抱物俑形瓷蜡台　元
残高 11.6 厘米

褐釉瓷灯盏　元
口径 3.8 厘米，底径 2.4 厘米，
高 1.7 厘米

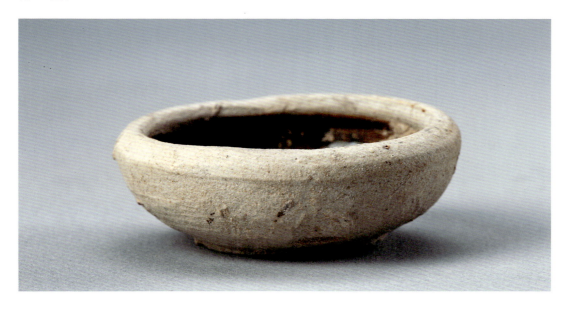

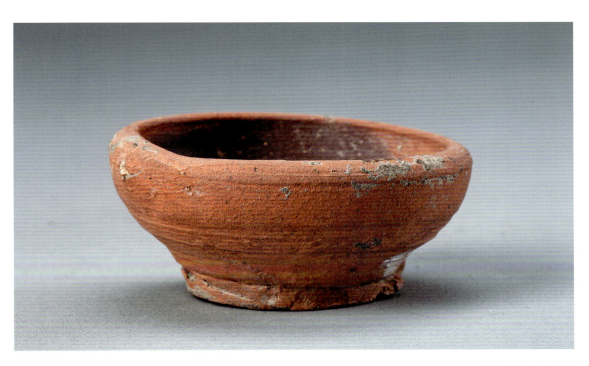

褐釉瓷灯盏　元
口径 5.8 厘米，高 2.7 厘米

青釉瓷饰件　元
口径 3 厘米

灰陶砚台　元

长 8.4 厘米，宽 6.4 厘米，
高 3.9 厘米

十四面体瓷抓子　元
通高 1.1 厘米

石质锤丸　元
直径 2 厘米

抹角瓷骰子　元
边长 1.6 厘米

瓷骰子　元
边长 0.9 厘米

瓷骰子　元
边长 1.4 厘米

象棋子　元

直径 2.3 厘米，缘厚 0.5 厘米

围棋子　元
直径 1.8 厘米，厚 0.4 厘米

褐釉瓷纺轮　元
口径 3.6 厘米，底径 1.1 厘米，
通高 2.3 厘米

**橄榄形料珠** 元
腹径 0.8 厘米，通长 1.9 厘米

**橄榄形料珠** 元
腹径 1.2 厘米，通长 2.2 厘米

橄榄形料珠　元
腹径 1.2 厘米，通长 2.4 厘米

玻璃珠　元
腹径 0.8 厘米，通长 2 厘米

骨簪 元
通长 11.8 厘米

骨簪　元

通长 7.8 厘米

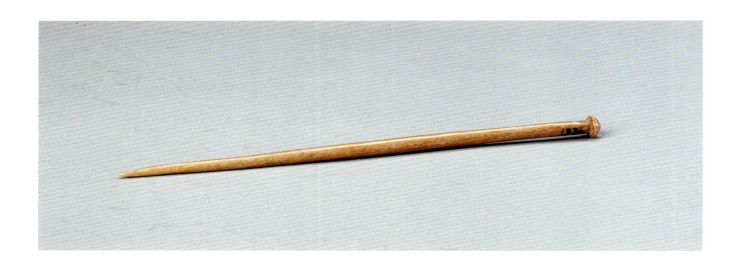

骨簪　元

通长 13.6 厘米

骨簪 元
通长 10.6 厘米

铜簪　元
通长 10.7 厘米

铜簪　元
通长 7.4 厘米

铜镶玉饰件　元

通长 2.9 厘米，通宽 2 厘米

铜权 元

底径 1.3 厘米，通高 3.3 厘米

鹿角　元

通长 47.6 厘米

海螺 元

最宽 5.8 厘米，通高 9.4 厘米

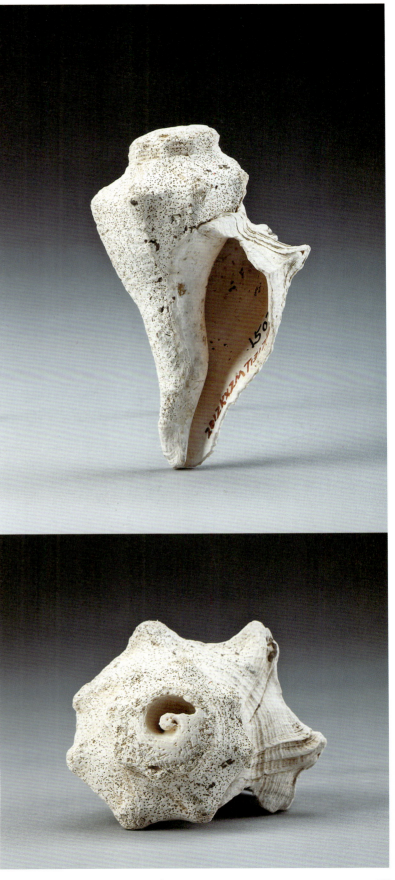

狮形建筑构件　明
高 14 厘米，宽 5.2 厘米

菊花纹滴水　明
横宽 13.3 厘米，高 10.6 厘米

葵花纹滴水　明
横宽 17.4 厘米，高 12.4 厘米

瓷碗底　明

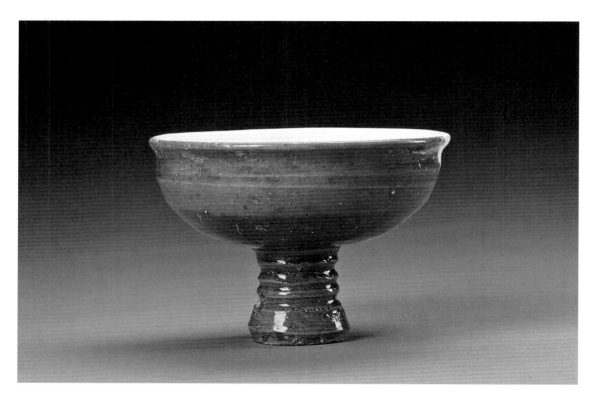

青釉瓷高足杯　明
口径 11.4 厘米，底径 4 厘米，高 8 厘米

白地黑花瓷研钵　明
口径 12.8 厘米，高 3.6 厘米

青花瓷碗　明
口径 15.2 厘米，通高 7.7 厘米

白地黑花瓷盘　明
口径 15.2 厘米，高 6.1 厘米

青花瓷杯　明
口径 7.4 厘米，高 4.2 厘米

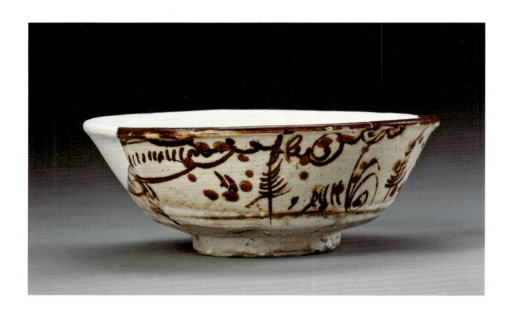

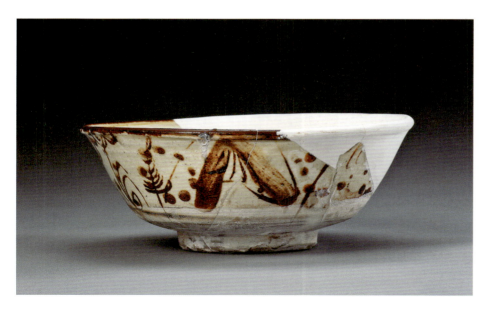

白釉赭彩瓷碗　明
口径 15.2 厘米，底径 5 厘米，高 4.7 厘米

白地黑花瓷碗　明
口径 14 厘米，高 6.5 厘米

白地赭彩瓷碗　明

口径 16.2 厘米，底径 6 厘米，高 5.7 厘米

青花瓷碗　明
口径 14.8 厘米，高 7 厘米

青花"福"字款瓷碗　明
口径 12.5 厘米，高 5.8 厘米

骨簪　明

通长 11.6 厘米

骨簪 明
长 7.6 厘米

骨簪　明
长 9.5 厘米

钟形"学生"铜牌　明
通长 4.6 厘米，通宽 3.3 厘米，
缘厚 0.2 厘米

灰陶砚台　明

直径 9.2 厘米，厚 2.3 厘米

红陶狮形蜡台　明

通高 12.5 厘米

红陶狮形蜡台　明
高 13 厘米

褐釉瓷灯盏　明
口径 5.2 厘米，底径 2.2 厘米，
高 2 厘米

187

黑釉狮形瓷哨　明
通高 5.3 厘米

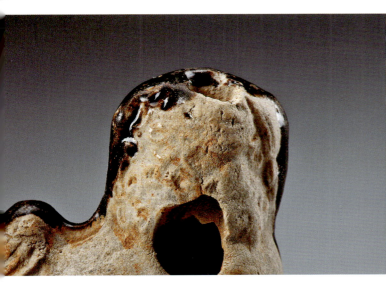

白地黑花鸟形瓷哨　明

通长 5.7 厘米

褐釉心形瓷挂件　明

通长 3.4 厘米，最厚 1.8 厘米

红陶人物俑　明

通高 5.2 厘米

饼状瓷骰子　明
直径 1 厘米，最厚 0.6 厘米

瓷骰子　明
边长 1.5 厘米

瓷骰子　明
边长 0.8 厘米

料珠　明
穿径 0.15 厘米，腹径 1 厘米，通高 0.8 厘米

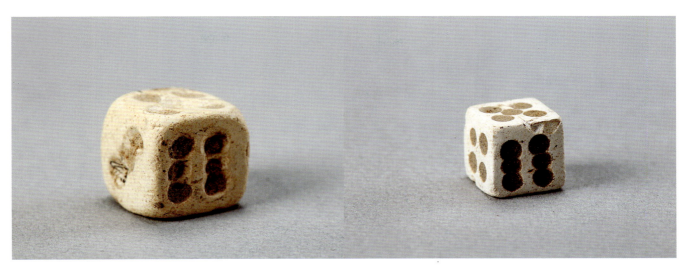

抹角瓷骰子　明
边长 1 厘米

瓷骰子　明
边长 0.6 厘米

饼状瓷骰子　明
直径 0.9 厘米，最厚 0.5 厘米

抹角瓷骰子　明
边长 1.7 厘米

红陶球　明
直径 2—4 厘米

围棋子　明

直径 2 厘米, 厚 0.6 厘米

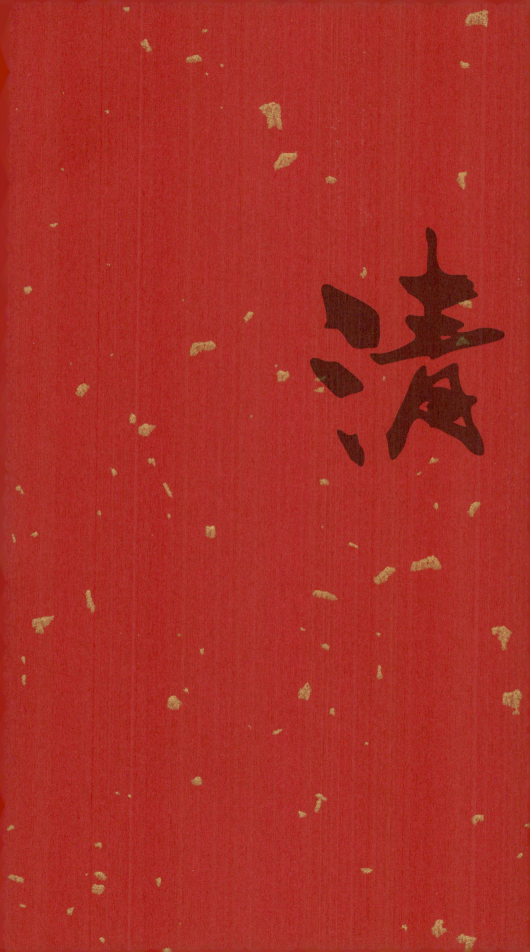

狮形建筑构件　清
通高 7 厘米

葵花纹滴水　清
横宽 16.6 厘米，高 12.2 厘米

菊花纹滴水　清
横宽 16.2 厘米，高 11.8 厘米

菊花纹滴水　清
横宽 14.4 厘米，高 10.5 厘米

菊花纹滴水　清
横宽 14.8 厘米，高 11.5 厘米

青花瓷盘出土情景　清

青花瓷碗　清
口径 15.6 厘米，底径 7 厘米，高 7.2 厘米

白地黑花瓷碗　清
口径 10.6 厘米，高 4.4 厘米

青釉瓷碗　清
口径 9.8 厘米，高 5.8 厘米

青釉八角瓷盘　清
口径 19 厘米，高 3.6 厘米

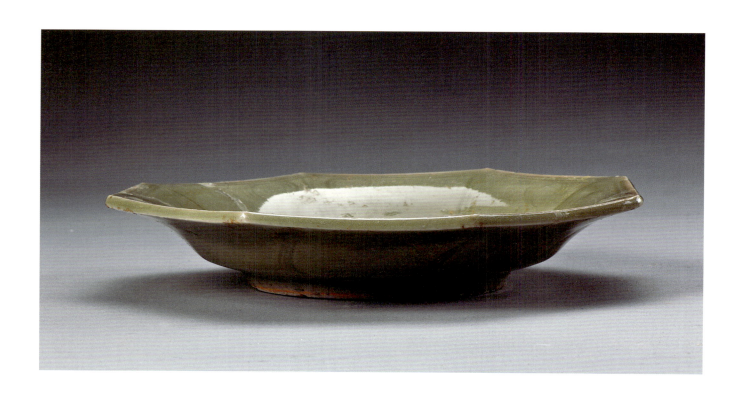

217

同仁堂平安散瓷药瓶　清
底径 1.8 厘米，高 5.4 厘米

褐釉瓷灯盏　清
口径 4.3 厘米，高 1.6 厘米

褐釉瓷灯盏　清
口径 6 厘米，高 2.2 厘米

褐釉瓷灯盏　清
口径 3.2 厘米，高 1.7 厘米

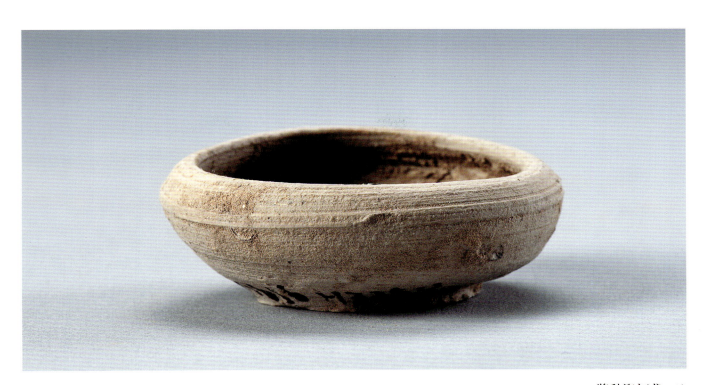

**酱釉瓷灯盏** 清

口径 5.2 厘米，高 2 厘米

青釉瓷鳖形灯　清
通长 8.1 厘米，通宽 4 厘米，
通高 3.9 厘米

褐釉陶香炉　清
口径 20.4 厘米

褐釉瓷人物俑　清
高 5.2 厘米

青釉瓷人头像　清
最宽 2.9 厘米，残高 2.5 厘米

白地黑花瓷人头像　清
残高 2.6 厘米

青釉瓷人形哨　清
最宽 2.1 厘米，残高 3.2 厘米

褐釉瓷人形哨　清
通长 3.6 厘米

青白釉瓷蛙形摆件　清
长6.2厘米，宽3.9厘米

白地黑花瓷牛形摆件　清

通长9厘米，通高5厘米

陶瓷抓子　清
平均重 11.7 克

**料珠类鱼浮　清**

穿径 1.3 厘米，通高 1.2 厘米，重 3.3 克

十四面体瓷抓子　清
通高 1.6 厘米

围棋子　清
直径 1.9 厘米，厚 0.4 厘米

料珠　清
腹径 1.8 厘米，通高 1.3 厘米，重 5.5 克

三弦琴部件　清
长14.7厘米，宽3.2-4.7厘米

木杆铜烟斗烟袋锅　清

铜烟斗长 6.9 厘米，重 27 克，烟袋口沿外刻有"孔天成自造"；木质烟杆中空，长 28 厘米，直径 0.8 厘米

骨簪　清

长 12.3 厘米

骨簪　清
通长9厘米

骨簪　清
通长 11.3 厘米

骨簪　清
长 11.2 厘米

骨簪　清

长 11.2 厘米

骨簪　清
通长 7.2 厘米

"长命富贵"灰陶压胜（正面）　清

外径 4.1 厘米，厚 1 厘米，重 25.5 克

"长命富贵"灰陶压胜（背面）　清

绿釉香炉　清
口径 7.4 厘米，腹宽 11 厘米，
通高 10.3 厘米

灰陶香炉　清
口长 13.4 厘米，口宽 7.4 厘米，
通高 11.4 厘米

白地黑花瓷香炉耳　清
残长 6.4 厘米，宽 4.2 厘米，
厚 1.3 厘米

灰陶牌　清
长 7.7 厘米，宽 3.1 厘米，厚 1.2 厘米

弦纹小口罐　清

口径 12.4 厘米，底径 17 厘米，通高 44 厘米

红陶提梁壶　清
口径 8.3 厘米，底径 11 厘米，高 24 厘米

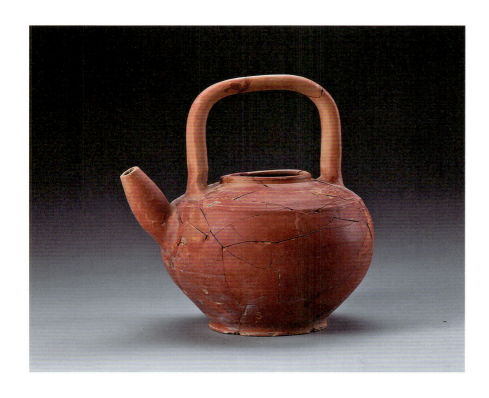

双层豆形陶灯盏　清
通高 13.7 厘米

灰陶狮形蜡台　清

通高16厘米

灰陶马形蜡台　清
底座长 7.4 厘米，底座宽 2.3 厘米，
通高 13 厘米

灰陶马形蜡台　清
底座长 7.3 厘米，底座宽 2.5 厘米，
通高 13.5 厘米

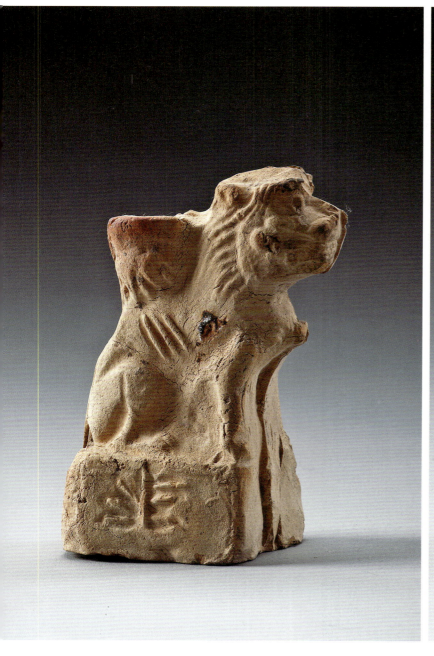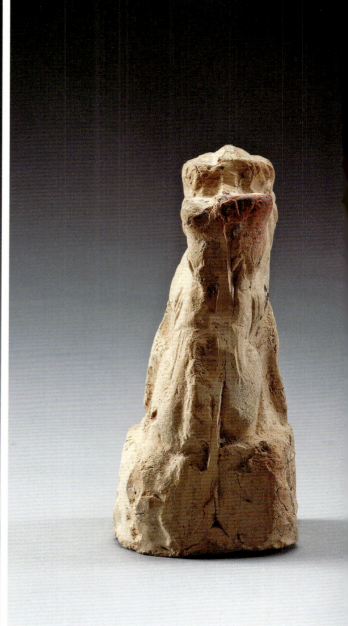

红陶狮形蜡台　清
通高 12 厘米

束腰锡壶　清

上口直径 6.5 厘米，束腰直径 2.1 厘米，下底直径 7.3 厘米，通高 8 厘米

锡壶　清
左: 长 13.7 厘米, 宽 6.6 厘米, 通高 9 厘米
右: 边长 5.5 厘米, 高 6 厘米

锡壶　清

口径 6.5 厘米，底径 11.6 厘米，高 17 厘米，重 334 克

铜铃 清
球径 3.4 厘米，重 33 克

铁马镫　清
底面长 17 厘米，底面宽 12 厘米，
通高 17.5 厘米

铁锏　清
通长 55.2 厘米，重 1327 克

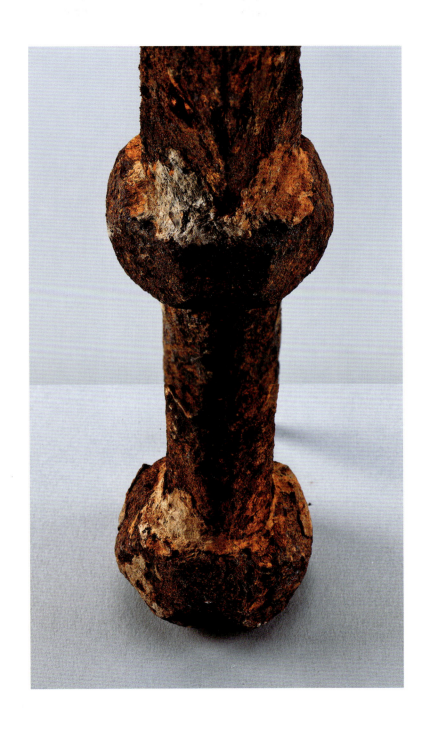

"當"字铜印章　清

面径 2.2 厘米，通高 1.6 厘米，重 14.8 克

六边星形红陶范　清
外边长 2.3 厘米

今据"六边星形红陶范"翻印的石膏模

人形红陶模　清
长径 3.5 厘米，短径 2.8 厘米

狮子造型红陶范　清
残长 10.6 厘米，残宽 10 厘米

今据"狮子造型红陶范"翻印的石膏模

# 后记

您想亲眼目睹北宋时期的都城开封吗？北宋皇帝御驾出行的专用城门长啥样？您想了解北宋帝都人们的生活场景吗？"靖康之变"后的开封是如何演变的？您想感受一下黄河留给开封的印记吗？翻开这本图录，相信您会得到些许答案。

开封，作为地名由来已久，尤其是作为北宋东京城更是妇孺皆知。其中《水浒传》《七侠五义》等文学作品负责文字输出，其繁华热闹的场景则由《清明上河图》全权担当，"而此汴都，高显宏丽，百美所具"，"舟车之所辐辏，方物之所灌输"，一时世间无双。然而这一切美好到宋钦宗靖康年间戛然而止，东京城沦陷。之后的金元明清时期开封城又经历了什么？历年的考古勘探、发掘和研究对开封城的复原起到了确定性的作用，尤其本次发掘更是第一次对北宋都城城门展开的考古发掘工作。撇开专业语境，是否有一种简便的方式让读者直观地认识一座城市的发展和演变，从一座城的维度更好地理解中华五千年的文明史？基于上述想法，我们在整理开封北宋东京城顺天门遗址考古发掘报告的同时，产生了出版图录、尽快将考古成果与大众分享的念头，于是便有了面前这本图录。

与以往不同，本书图片的挑选者并非考古工作者。之所以采取如此做法，是试图跳出专业之圈，以旁观者的身份和眼光客观、理性地对考古资料进行属于他们自己的解读，读出图片里的历史和故事，读懂祖先们的智慧和力量，在一帧帧画面里感受时空的宏大和自然的律动，去触摸和感受来自生命的传承和温度，让历史之光照进现实。

本书由辛革负责通审全稿，文字部分由葛奇峰、辛革负责，摄影者为葛奇峰、聂凡。

感谢河南省文物考古研究院、开封市文物考古研究院领导的大力支持和鼓励，感谢诸位同事的大力协同。感谢大象出版社郭一凡、杜晓燕二位女士对待书稿的不辞辛劳，一丝不苟。

编著者
2023 年 6 月